LA LIGUE DE SALUT.

III.

AMNISTIE : MINISTÈRE, ÉTATS-UNIS : AFRIQUE.

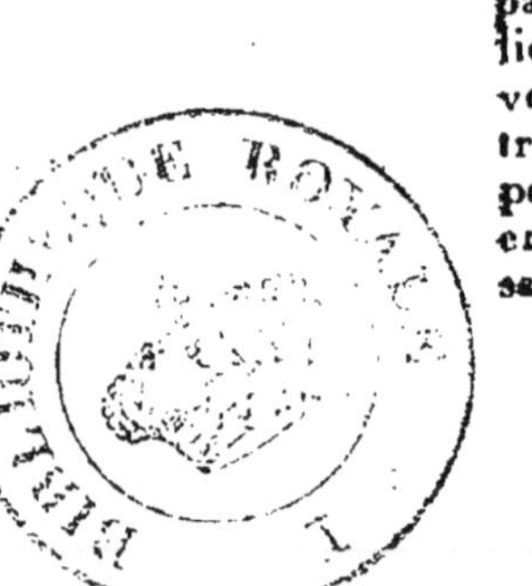

> Il y a à former la sainte ligue des consciences et des intelligences, dans la vue, en premier lieu, de sauver le pays de la honte, de la ruine ; en second lieu, de défendre le pays contre le pouvoir, et le pouvoir contre les partis ; en troisième lieu, et c'est pour l'instant le point capital, de défendre le pouvoir en son existence, contre le pouvoir en ses erremens.
>
> (*La Ligue de salut*, p. 10.)

PARIS,

A. PIHAN DE LA FOREST, IMPRIMEUR,

RUE DES NOYERS, Nº 37.

1835.

Quant aux moyens d'action de la ligue de salut, une certaine méditation serait requise : quant aux sujets d'action, chaque jour en apporte la nouvelle manifestation.

Cet écrit offre l'exposition de quelques-uns, à l'égard desquels le sentiment sera unanime ; et en même temps, présente la solution des points relatifs, sous lequel rapport, le jugement variera peut-être.

Ces quatre sujets pris dans l'ordre du jour, le refus d'amnistie, le choix des ministres, le traité des États-Unis, la colonie d'Afrique, dénotent la plus étrange phase politique.

Deux affections mentales maîtrisent tour à tour le pouvoir, et de même l'entraînent, le poussent à sa ruine ; l'infatuation, la fascination ; celle-là de nature haute qui émane à tort ou à raison, de la conviction de ses droits, de la persuasion de ses forces ; celle-ci de sorte triviale, qui provient en général de l'étourdissement des succès, de l'éblouissement des grandeurs.

L'infatuation perdit l'ancienne monarchie ; la fascination perd la monarchie nouvelle : ni l'une ni l'autre ne se doutant de rien et ne doutant en rien, parce que de même les êtres possédés en telle façon ne connaissent point l'état des choses, ne conçoivent pas l'esprit des hommes.

C'est ainsi que dans la crise extrême du paroxisme, l'idée est venue en tête de refaire la royauté vivante depuis mille ans, en la personne du roi naissant d'hier soir ; sans entendre qu'il serait mille fois plus facile de rappeler la personne réelle qui l'exerçait, que de ramener la royauté abstraite qui était exercée ; et qu'il est infiniment probable que si ladite royauté se réinstallait au faîte, aussi ladite personne se représenterait à son appel ; tant la chose et l'homme vont l'un à l'autre, et ne vont que l'un à l'autre.

(*Un autre Ministre*, 1827.) « Que voyons-nous ! ceux-ci aliénés, exaspérés : ceux-là affligés, désespérés. La parole publique n'est chargée que de plaintes, de reproches : dans cette atmosphère embrasée, l'idée fermente, éclate, foudroie...

« Qu'il n'arrive jamais un vingt mars ! En 1815, c'était toute une nation en deuil.

« En 1827..... la plume hésite ! Peut-être la fraction dissidente, alors tellement minime, apparaîtrait-elle aussi minime.... mais dans le sens contraire. »

Encore des redites : bien qu'on ne les aime ni de bord ni d'autre ; et cela pour cause, le mépris qui en fut fait dans le temps retombant d'un lourd poids sur la mémoire, le remords qui s'ensuit à présent torturant la conscience d'une poignante douleur.

Oh ! que les gens du long ministère, que les gens de la fameuse adresse, que les gens à la suite de juillet, ont donc à haïr un certain être ou à haïr leur propre être, l'un plus naturel en justice, l'autre plus naturel à la vanité : pour peu que de l'abîme où ils nous ont précipités, et du faîte où ils se sont exhaussés, un regard se porte sur maintes et maintes pages *de l'Exposé de la ligne politique.*

Au reste, dans le cas présent, il n'y a qu'analogie

et non pas identité ; il y a diversité des causes et seulement parité des effets.

Non, l'atmosphère politique n'est pas agitée de passions aiguës : elle est plutôt affectée d'un vice chronique.

La colère et la rage manquent d'un point de résistance, où se heurter, s'embrâser : le milieu trop flasque pour réagir, est traversé sans effort par l'indolent dédain.

La phase de dissolution lente succède à la crise de révolution vive.

Naguère, non sans qu'il n'ait mis lui-même la main à l'œuvre, le pouvoir rencontra la mort, sous les coups de la presse, puis de la chambre.

Maintenant, et celui-là et celle-ci, prenant leurs aises, et dégagés de toute gêne, de toute crainte, se portent la mort.

Le pouvoir tue le pouvoir : la chambre tue la chambre : la presse tue la presse.

Tant cette loi est impérieuse, que si l'usage enfante l'abus, aussi l'abus enterre l'usage.

Tous, et l'un comme l'autre, non-seulement ne se mettent pas en peine de servir la chose publique, mais encore ne se donnent pas le souci de soigner leur affaire personnelle.

Le droit ayant été enseveli et n'étant pas ressuscité, de ci et de là, on s'en façonne une ombre à la silhouette, et d'une ombre on se fabrique une idole, et se glissant derrière l'autel, on se croit à l'abri des périls.

Finalement, au château, en la chambre, dans la

presse, pouvoir nouveau installé par la peur, tel qu'on est, il semble à chacun qu'on le sera à jamais malgré clameur de haro, et presque qu'on le fut toujours.

L'infatuation qui présida aux ordonnances, alors battue à pleine couture et sonnant en hâte la retraite, s'est faufilée en tout autre camp, hâtive à prendre sa revanche, vouée à subir le même sort.

L'idée étant libérée de règles, délivrée d'obstacles, l'idée se tenant sourde aux souvenirs, aveugle aux présages, tout va de pis en pis.

Quant au prince, les faits parlent, parlent tant, que la plume n'aurait pas à les faire taire, que la plume a plutôt à se taire : alors que l'autorité se perd elle-même, il faut se garder de lui prêter aide en sa tâche, sauf toutefois qu'il ne s'offre une autre main où la remettre.

Quant à la chambre, comme elle n'est pas de nécessité absolue, comme elle alterne en la sorte de ses membres, comme enfin chaque membre à part est plutôt à plaindre qu'à blâmer, tout est à dire.

Or donc qu'on voie la décadence successive des sessions, et quant au chiffre et quant à la valeur des lois.

Qu'on voie la dégénérescence progressive de la tribune, dans les mouvemens de sentiment, de raison et même d'éloquence.

Il n'y a plus d'huile dans la lampe, disait un certain vieillard de Grèce : à peine apparaît encore quelque lueur vague et terne, bientôt éteinte.

Telle est l'image, dont, à le prendre en sa conscience du coin du feu, nul député ne manque à sentir la justesse.

La plume saute par-dessus ce point unanimement reconnu, n'ayant qu'à rabâcher à chacun sa propre pensée, et se hâte de pousser en avant.

Quant à la presse, les acteurs sont appris du fait, mais les spectateurs ont à être instruits.

Monopole : c'est la boîte de Pandore, d'où s'échappent et s'exhalent tous les maux.

Encore une redite tristement orgueilleuse, où est tracée au préalable l'histoire des sept dernières années.

« Le monopole de la presse agite et trouble par « le jeu des mensonges, les imaginations ; abat et « courbe sous le joug des sophismes, les intelligen- « ces : interceptant autour des unes et des au- « tres, tout rayon de pure et vive lumière. » (*De la Domination des journaux*, 1828.)

Il était trop tôt évidemment pour entendre aux présages ; il est trop tard apparemment pour entendre aux désastres.

Où en sommes-nous ?

Qu'on dise si à travers les mailles serrées du monopole, il y a moyen d'injecter la vérité des choses.

Qu'on dise, si à travers l'écheveau embrouillé, il y a moyen de saisir la vérité des faits.

Que la lumière soit faite : ainsi parle la liberté en principe. Que les ténèbres soient faites ; ainsi répond la loi en vigueur.

De là, se succèdent ces sinistres phases, que d'abord le vulgaire prend foi à tout ce qui vient de l'oracle, et bientôt ne porte plus foi à rien de ce qui circule ici-bas ou même émane d'en haut.

De là, arrive que la foi de confiance venant à manquer aux faits, par suite la foi de conscience vient à manquer dans les actes ; et que n'ayant plus de foi en les autres, on n'a plus de foi envers les autres.

Ainsi la presse tue la presse, comme la chambre tue la chambre ; l'excès de vie et le défaut de vie aboutissant de même à la mort.

D'où vient, sinon de ce que l'opinion commune n'est pas formée par le concours des esprits, n'est pas exposée à la lumière des sens.

L'opinion ! pendule régulateur des mouvemens hostiles, émules ou neutres du mécanisme social ; principe générateur du bien-être moral et matériel dérivé de leur ralliement ; présage révélateur des voies à suivre et des fins à atteindre dans les destinées de la race humaine.

L'opinion règne-t-elle ou ne règne-t-elle pas ? Les pouvoirs quelconques, ces outils politiques, dirigés par son ascendant vont à bien, et délaissés à une autre influence, vont à mal.

Avant 1789, elle régnait en toute sa vérité, avec toute sa vertu, dans les ames à leur insu, dans les têtes à leur dépit peut-être : et le progrès couvé sous l'aile du temps, élevé à l'aide des occurrences, abrité des secousses du hasard, se développait insensiblement, indéfiniment.

Depuis 1789, le sceptre lui fut ravi par l'esprit de faction, installé en son nom : et le progrès tantôt avancé outre mesure, tantôt refoulé au plus loin, toujours entaché de sang, encombré de ruines, n'est pas parvenu au-delà du terme, surtout n'est pas consolidé à demeure.

C'est que l'opinion est la vie des esprits, comme l'affection est la vie des cœurs.

C'est que les hommes ayant une ame sont en rapport, en contact par la pensée, ainsi que par le sentiment.

C'est que le cerveau humain étant de la plus frêle nature, s'il est isolé d'aide et d'appui, s'abandonne à l'idée vague et vaine.

D'où le concours, le contrôle ont seuls à féconder la pensée nette et pure, à créer l'opinion commune : autour de laquelle se rallient aussitôt la volonté générale, la puissance totale.

Refaire l'opinion : telle est la tâche, la charge de quiconque s'imagine recéler en son être, ou quelque fibre palpitante ou quelque corde résonnante.

Tel est l'objet de la ligue de salut.

Le temps presse de se mettre à l'œuvre, en ce que les choses approchent chaque jour du terme fatal, en ce que de plus en plus, et les esprits se rouillent et les ames pourrissent.

Quelques exemples vont suivre, pris dans le mouvement des affaires, où se manifestent ce défaut saillant, ce vice révoltant.

L'homme tourne à l'état de bête brute, non-seulement quant à l'esprit, mais encore quant au cœur.

Ici, que rien ne soit dit de cela, qui atterre la pensée et insurge le sentiment, qu'en tout genre, en tout cas, le service est commandé au-delà du maximum des capacités, et le travail n'est récompensé qu'au minimum des nécessités : sinistre cours des choses incessamment attentant à la vie des patiens, et continuement aussi attisant la haine des patiens.

Qu'il ne soit parlé que du *procès-monstre*, du *procès-gouffre* plutôt, où déja s'est enfouie toute inspiration, toute exclamation de pitié, où bientôt s'engloutiront le peu de respect, le peu d'ascendant, le peu de chance, qui restent au pouvoir.

Les phrases ne manquent pas sur ces divers points, s'il y aura ou s'il n'y aura pas amnistie, si l'amnistie se fera par une ordonnance ou par une loi ; et si c'est preuve de force ou de faiblesse, signe de justice ou de clémence, enfin si c'est acte de nécessité ou de volonté.

On en est à un ou deux volumes in-folio de phrases rangées en bataille ; et à peine en une ligne furtive, fortuite, il est traité de ce qui apparemment n'en vaut pas la peine, d'équité, de loyauté, d'humanité.

Certes, rien ne sied mieux que la dénomination de procès-monstre, en cela qu'il a convenu, on ne sait pourquoi, de rapprocher, de rattacher au moyen de sutures tramées en fils grossiers, les lambeaux éparpillés, les loques disparates de certaine insurrection issue à l'improviste et élevée au rang de conspiration ; dans la vue de façonner comme une défroque de république taillée sur le patron de l'habit d'Arlequin et à la mesure des ombres de Roberston, dont en perspective l'aspect parût capable d'allumer le courroux, d'appeler le secours de la chambre haute, bientôt en peine d'avoir été prise à un tel leurre.

Et pourtant cela ne mérite guère attention, tant il est dans l'usage du pouvoir de charlataniser à dire d'expert : au lieu qu'il n'y a point de terme pour rendre l'effet éprouvé, à voir qu'à peine de bord et d'autre, on a tenté de faire ressortir une telle horreur, une telle ignominie, dont l'étranger ne perdra jamais la mémoire ; qu'à tout hasard, au moindre soupçon, il ait été ramassé de toute part, de toute sorte, et entassé, amoncelé en fort triste lieu, et gardé pendant bientôt un an sans parler du surplus, au risque de la vie, à la perte de l'état, à la ruine de la famille, une immensité de cinq ou six centaines d'individus, hommes, dit-on, citoyens, dit-on, abstraitement parlant, et réellement traités comme d'une autre espèce ; d'individus appelés à être jugés avant deux ou trois mois en cour d'assises, alors en pleine connaissance de cause, en pleine liberté de conscience, et ce semble à cause de cela même, amenés par devant la cour des pairs, ajournés à un terme indéfini, avec moins de moyens de découverte de la vérité, sous l'influence insensible, inévitable des motifs de raison d'État.

Au titre de procès-monstre, voilà donc que sur deux points, une notable brèche est faite aux lois de l'humanité; et au titre de procès-gouffre, voici qu'une mine périlleuse est pratiquée sous les remparts de la société.

Déja, que n'y avait-t-il pas à recueillir en fruits de ridicule et de risée, en installant une cour suprême exposée à se réduire au dessous du nombre réquis, en exhaussant en grande hâte cette fabrique prête a crouler au premier vent.

Mais non : l'audience s'ouvre ; les pairs attendent les accusés, qui viennent enfin à travers un attirail de force, qui viennent peut-être attachés à la chaîne, entraînés par la violence, qui viennent certes affectant la hauteur, éclatant en injures, attaquant pour toute défense : funèbre chose dont l'effet infaillible, irrésistible, sur l'esprit du vulgaire appris par l'instinct qu'un jour venant, pareil sort le menace, est d'aliéner de la puissance, de rattacher à la souffrance, et de souffler la rage aux ennemis, la haine aux neutres, la crainte aux affidés.

Le procès des ordonnances porta plus de peur que de mal : le procès des émeutes portera plus de mal que de peur ; cela se rencontrant généralement que la peur neutralise les chances de mal, et que le mal surgit en l'absence de la peur.

Qu'on lise les lettres de Sainte-Pélagie : et qu'on

entende ce que c'est qu'une telle mêlée, entre ces personnages qui risquent tout pour rien et qu'abattent les souvenirs, qu'écrasent les pressentimens; et ces hommes qui jouent le tout pour le tout, auxquels le temps donna déja tant d'à-comptes et sans cesse offre de nouveaux présages.

Jamais ne fut folie si morne, si sèche : à retourner la médaille, en tout sens le revers seul se rencontre.

Onc ne perdit un royaume si joyeusement, disait Agnès Sorel; onc ne se perdit un pouvoir si piteusement, faut-il dire.

Et c'est en toute liberté, de pleine volonté; c'est à tête reposée, de propos délibéré : même c'est à grande peine, à grands frais.

Quos vult perdere Jupiter, demental prius.

Or veut-on laisser aller, laisser agir, laisser faire ! ou enfin, entend-on se mettre en avant, se jeter à la traverse, peut-être ayant à se perdre soi-même, peut-être aussi ayant à se sauver en sauvant le pays.

Car point de garanties contre la catastrophe; point de cimes au-dessus des eaux, point d'asile sous la foudre : et ni talens et mérites, ni services et richesses, ni prières et bassesses ne valent.

Le pouvoir éffarouché à faire face et de droite et de gauche, perd l'esprit, perd la tête : c'est tout simple.

Mais que l'opinion en force se présente, non pas pour l'attaquer et non plus pour le défendre, seulement pour défendre contre lui-même, contre tout autre, la société: et le pouvoir qui maintenant crie merci en vain, alors rend grace; alors prend foi, reprend espoir.

Le pouvoir remis en repos, conçoit, comprend qu'il y a de l'attrait dans la vertu, de l'empire dans la justice, de l'ascendant dans la loyauté, en somme qu'il y a de l'intérêt dans le devoir.

« Sans le vouloir, comme aussi sans le savoir, il est un parti en France qui a amené la chute de la restauration ; je le répète, sans le vouloir et sans le savoir : eh bien ! c'est ce même parti qui maintenant nous gouverne et qui sans le vouloir, sans le savoir, j'en suis sûr, nous mène au même résultat. » (*M. Mauguin.*)

En ce peu de mots, la vérité brille, éclatte, à ce point qu'elle se reflète sur le parti même qui la fait jaillir des ténèbres.

C'est trop vrai que ceux qui sans le savoir, sans le vouloir, ont amené la chute d'un trône, au même titre et par le même mode, amèneront la chute d'un autre trône : cela ne leur appartenant jamais de savoir ce qu'ils font, et par suite de faire ce qu'ils veulent ; attendu qu'ils ne conçoivent qu'en l'étroite matrice de leur cerveau et jettent ainsi au dehors quelque sèche forme d'idée, hétérogène aux choses, incompatible avec les hommes.

C'est vrai aussi que ceux qui ont amené la chute du vieux trône, non certes sans vouloir le mettre à bas, mais bien sans savoir que mettre en place, amèneraient la chute du trône nouveau : cela leur appartenant toujours de vouloir ce qui n'est pas, et de ne pas savoir ce qui sera ; attendu qu'ils couvent leurs rêves au giron de l'imagination, et ne poussent au dehors qu'une vaine ombre d'idée, prête à s'évaporer à la première pointe de lumière.

Il faut dire le mot : le germe politique issu de la révolution de juillet, sous la tutelle des premiers, chômera de nourriture, avortera de taille, à périr de mort lente ; et sous la régie des derniers, sera gorgé d'alimens, forcé hors de mesure, à périr de crise aiguë.

Chose étrange ! ses destinées ne peuvent être entendues et ménagées que par ceux qui tranchant fortement avec les uns et avec les autres, ayant et pendant la crise d'accouchement, n'ont en rien coopéré ni sciemment, ni insciemmment au travail intempestif; et seulement après, venant à rencontrer l'être nouveau-né, innocent lui-même d'avoir reçu le jour, et n'entrevoyant, au cas qu'il ne vînt pas à bien, rien qui fût apte pour l'instant, à le remplacer dans le rôle assigné par le sort, ni par la voie de résurrection, ni au moyen d'une création nouvelle, de nécessité se faisant vertu, adoptent l'enfant, éduquent l'enfant, en telle façon qu'il prenne durée et acquière puissance d'accomplir sa vocation obligée.

Certes dans cet ordre de personnes, parmi les renaissances de l'empire et les existences de la royauté, ou mieux encore parmi les croissances de l'ère ouverte en 1830, exemptes de tout péché originel, à élire sous l'égide d'une rénommée intacte et non à l'enseigne de talens éclatans, il y aurait une marge immense pour les choix; surtout en ne se laissant plus asservir à cette règle artificieusement et frau-

duleusement imposée, que le cabinet doit être certain d'obtenir la majorité de la chambre, toujours si
variable, si instable, sauf qu'elle ne soit soudoyée;
et plutôt en ne cessant de s'astreindre à cette règle
vraiment prescrite et par le devoir et par l'intérêt,
que le cabinet fasse la conquête de la majorité telle
quelle, en présentant des lois manifestement im-
possibles à repousser, en présentant des motifs im-
possibles aussi à soupçonner.

. Or, tout se passe d'autre façon, de telle façon que
la France qui n'en peut mais, se voit livrée en but
à la risée de l'Europe entière, sans que nul se doute
apparemment que le prestige est miné, rongé par le
ridicule, et que la gloire des armes s'efface sous le
trait des sarcasmes : si bien qu'autant c'était folie,
sottise à l'avènement de juillet 1830, de trembler, de
frémir jusqu'en l'ame, que les puissances irritées du
coup, mais aussi abattues du coup, vinsent assaillir,
affronter la vieille nation imposante de la mémoire
des triomphes, et la jeune révolution effrayante au
souvenir des désastres; de même, en sens inverse,
et avant peu, à l'instant même, c'est folie, sottise de
ne pas craindre que les puissances rendues au repos
par le laps de temps, aillent attaquer, envahir ce
sol, où désormais au lieu des hauts faits d'armes,
des traits d'énergique furie, rien n'apparaît plus que
lâches et plates intrigues, que vanité d'ambitions
et débilité de conceptions.

Ainsi, dans la crise des ministres, d'abord le débat est confiné entre les deux genres distincts des
coopérans à la révolution, le genre en tête qui l'a

faite sans vouloir la faire, et le genre à la suite qui l'a faite sans savoir qu'en faire.

Le débat est resserré sur ce point fort important à quelque mesquine sequelle et fort indifférent à la masse nationale, si tels et tels, ou des bancs de l'opposition ou des rangs du ministère, s'élanceront ou se fixeront aux siéges du pouvoir.

Et non seulement les fins sont de l'ordre le plus trivial qu'il y ait, mais aussi les moyens sont de sorte encore plus plate s'il se peut : ce dont la double tendance est de répandre au dehors, au dedans, le mépris.

En premier lieu, l'amnistie est mise sur le tapis, non pas au titre d'une cause rattachée à l'humanité, à la moralité, mais plutôt en façon d'une boule poussée d'un bord, renvoyée de l'autre et se perdant enfin dans la blouse.

Au refus de l'amnistie, voilà que s'élèvent les fourches caudines, où faire passer le ministère, les reins courbés ras terre : à l'abri de l'amnistie, voilà que s'élève le piédestal, où se hisser sans peine et atteindre au faîte tant convoité.

En second lieu, la présidence du conseil est mise en jeu, non pas que l'impossible se soit niché aux têtes, qu'à force de faire fracas, le prince, qui est en péril de sa propre personne, se laisse persuader qu'en s'occupant des affaires, il est perdu et qu'en se retirant à l'écart, il est sauvé ; par la raison que tout autre s'intéresse à lui plus que lui et travaillera pour lui mieux que lui.

Un roi règne et ne gouverne pas : tel est l'argument, l'axiome à la mode en toute sa crudité : qui s'y refuse ne peut être ministre, qui s'y prête doit être ministre.

Or, à quoi aboutit tant de bruit, tant de trouble : rien qu'au cul-de-sac fondé en date de juillet ; rien qu'en la poche du filet doctrinaire dont la trame est si serrée et l'entrée si exiguë, qu'en vain se débat le poisson amoureux de liberté, parfois mettant le nez au passage et aussitôt refoulé à fond, jusqu'à ce que, sous le coup du torrent de plus en plus impétueux, enfin ne vienne à crever la poche.

Et pour lors, il n'y aura plus à se rejeter sur la nuance la plus voisine comme cela se pouvait plus tôt ; il y aura à être entraîné, faute de moyens de résistance, jusqu'à la couleur la plus prononcée, non sans qu'il ne soit bien tard pour apaiser la rumeur sans cesse grossie, par des concessions satisfaisantes, en dépit desquelles la monarchie puisse tenir encore.

C'était avant et pendant cette honteuse crise, qu'à la chambre qui ne veut, qu'au prince qui ne peut, l'opinion droite et forte avait à porter la volonté, à prêter la puissance.

L'opinion ainsi conformée n'hésitait pas à conseiller des choix analogues au cabinet éphémère de novembre et propres ainsi à remplir les conditions ralliées, d'être exempt de tout péché originel, d'avoir été étranger aux errèmens passés, et cependant de se présenter non sans prestige de renommée, sans magie de tálens, sans habitude des affaires ; et par-dessus tout, de s'asseoir aux sièges du pouvoir, en un moment déja si critique, que, sauf les enragés de commandement, nul ne manquait d'accepter à titre de sacrifice, que sauf les possédés d'obstination, nul ne manquait d'ouvrir, de suivre les voies réservées de salut.

Dans la politique extérieure, la peur aussi plane au-dessus des têtes, s'insinue au secret des cœurs, et se trahit par les bravades de parole, par les boutades de conduite, jetées en avant comme en façon de leurres d'épouvante.

Ainsi en 1830, il faut à la tribune singer les élans de l'énergie révolutionnaire et débiter avec emphase les lieux communs de propagande, comme pour exporter la peur aux lieux d'où elle est importée : il faut aux confins de la France, forger une barrière hérissée d'un demi-million de baïonnettes qui permettent de fermer l'œil au-dedans, et promener sur le sol les faisceaux d'armes éclatantes qui promettent de tromper l'œil au dehors.

Qu'est-ce donc que les frais ! tout au plus un milliard en addition à la dette, ou soixante millions en addition à l'impôt ; et, en outre, en sus, un ou deux milliards de produits avortés à défaut du travail des bras remisés en la caserne.

Laissons les actes et d'Ancône et d'Anvers, manœuvres conçues à l'effet de dissimuler le trouble des esprits, la peur soufflant du pôle sud ou du pôle nord : et réservons pour un autre lieu le fait d'Alger, celui-là prolongé, éternisé en dépit de conscience et de raison, la peur issue du dedans prévalant sur la peur jaillie du dehors.

Vient le trait le plus insigne de l'empire absolu

qu'exerce la peur : non pas tant la peur de compro-
mettre la paix de l'Etat et d'exposer le pays aux désastres de la guerre ; mais plutôt et seulement peut-
être, la peur, ou chez les ministres ou même chez le
prince, de perdre leur existence plus ou moins
fragile, au milieu de la lutte des opinions, de la
ruine des intérêts, de la mêlée des hasards.

Grand pays de douze siècles, grande nation de
vingt ans, où fuir devant les images de ta gloire?
où te cacher à l'aspect des présages d'opprobre?

Il est un État naguère enfant indignement traité,
bientôt enfant justement révolté, et, riche de titre,
de droit, pauvre en force, en pouvoir, et partant
dénué de chances, livré aux risques, voué aux
vengeances.

Mais la France élève l'œil, la France lève le bras :
et sans que l'aide des armes compte à peine, l'ascendant de la royauté protégeant la liberté, trans-
forme une cause politique dont les débats flottaient
selon le caprice des esprits, en une cause morale
dont l'arrêt est prononcé au sein des ames.

Voilà donc que l'Amérique est libre.

L'histoire dira les suites, où se manifestèrent,
d'une part, la sagesse quelque peu intrigante et
frauduleuse, de l'autre, la folie par trop vaniteuse
ou chevaleresque.

Alors arrivent la révolution, et la guerre intrai-
table, insatiable : où la France se fait de la gloire
en perte sèche, où l'Amérique se fait du lucre à
petit bruit.

Les canons, les décrets font fracas : et c'est tout

Une issue est fermée ; une autre s'ouvre : toutes les issues à fleur de terre sont closes ; quelques issues percent du sein de la terre : tant la filtration du commerce s'effectue à travers les sols les plus réfractaires.

Depuis son émancipation, l'Amérique tendait naturellement au progrès ; pendant l'état de guerre, le progrès s'est comme saisi de son être, l'a enlevé à une hauteur double et triple : et néanmoins en se glissant parmi la rude mêlée, elle n'a pu manquer d'être atteinte des coups, d'être endommagée ça et là.

Il y a près de trente ans, terme usuel de la prescription ; et les négociations sont prises, quittées, reprises, tant qu'un beau jour, la lumière survenant, on se prête à y faire droit.

Pourquoi ! ! ! C'est scabreux et peut-être scandaleux à dire : comment ! ! ! c'est inconcévable, impraticable à croire.

Tout se fait sous le manteau de la cheminée : point de commission officielle ; point d'enquête explicative ; point de débats ostensibles.

De là, des rumeurs, des soupçons, des calomnies peut-être, et peut-être des médisances : nul ne le sait car nul n'y voit.

Et le projet, recellé par crainte dans les cartons depuis trois ans, est mis au jour apportant l'offre du déboursement de vingt-cinq millions.

Et le projet est mis en discussion, avant ou sans qu'il ait été avisé s'il ne fallait pas plutôt mettre le cabinet en accusation. Et le projet cependant ou vre, fraie au large, une voie inouie, insolite encore, qui mène droit, d'un bord à la dilapidation des finances publiques, de l'autre à l'assouvissement des cupidités personnelles.

Qu'y avait-il à faire! qu'y a-t-il à faire?

Il n'est si triste commune pour si modique emprunt, il n'est si pauvre veuve pour si mesquine pension, auxquelles, ou pour rendre service, ou pour rendre justice, il ne faille un bel et bon décret, au prix du mouvement de deux à trois centaines de boules; et cela, non sans exposé des motifs, non sans ouverture des débats, non sans arrêt de clôture.

Est-ce donc que vingt-cinq millions ne valent pas mille écus? est-ce donc parce que mille écus ont été refusés aux glorieuses influences des cendres chaudes encore, que vingt-cinq millions doivent être jetés à la tête, ou des possesseurs d'origine primitive, dont le sort tient aux destins de leur pays, ou des cessionnaires presqu'à titre gratuit qui se sont habilement constitués en leur lieu?

Rien de plus simple.

D'abord, publication de la totalité des documens qui ne coûtera pas un mois d'intérêts du capital; puis institution d'une commission d'enquête qui n'y mettera pas le quart du temps perdu depuis le traité : ensuite, exposition des noms, prénoms et surnoms de tous les soi-disans ayant droit, et désignation de ceux de première et seconde main, de ceux de race américaine ou française.

Enfin, et par-dessus tout, au préalable du paiement, obligation à chaque prétendant, d'affirmer avec serment en face de l'Être suprême, et en présence aussi d'un nombreux auditoire, que la créance inscrite sous son privé nom appartient à sa propre personne : par suite de quoi toute instance tendant à se faire rendre compte par un prête-nom demeurerait prohibée.

Voilà comment justice serait faite, et aux gens lézés dans l'origine, et aux gens installés à leur titre.

Voilà comment, et l'honneur resterait sauf et la paix resterait fixe.

En tout cas, la peur est folle ou plutôt sotte.

Les États-Unis se mettant en guerre avec la France !!!

Sous le rapport politique, d'abord un président déja assailli par les haines, toujours exposé aux caprices, se chargeant de la responsabilité des chances les plus périlleuses ; puis une république forcément ralliée pour la défense commune, et foncièrement scindée en deux ou trois parts vivement tranchées, se jetant à travers un orbite étincelant de discordes.

Sous les rapports sociaux, en risque de pertes, une marine marchande au quintuple de la nôtre, en crainte de revers, une marine militaire au cinquième de la nôtre ; et en manque de profits, l'écoulement entravé des fruits de nature, en surcroît de dépenses, les arrivages renchéris des produits de fabrique.

Ombre fantastique que font jouer et l'astuce et l'intrigue, fantôme imaginaire que se plaît à créer l'instinct arroutiné de la peur ! Il n'y a que cela en l'attente d'une telle guerre.

Et cela même s'évanouit, alors que le traité est soumis à un examen loyal et scrupuleux.

Encore l'homme n'est pas définitivement métamorphosé en bête brute : encore l'homme n'est pas complétement parvenu à l'état de matière, de borne:

Encore justice lui va.

Voilà que la peur de la république se refuse à l'ordonnance d'amnistie, que la peur de la chambre hésite dans le choix des ministres, que la peur de la guerre décide le traité des États-Unis.

Et voici que la peur de la presse consacre la colonisation de l'Afrique.

La déité multiforme se représente en tout, partout, sous l'une ou l'autre face : il n'est sentiment qui n'en émane, ni pensée qui n'en dérive : les faits quelconques apportent cause de peur ; les actes quelconques affichent signe de peur.

Tombé des nues, le pouvoir est en peine de prendre pied sur terre, et même après l'avoir pris, serait en doute d'y tenir.

A cela, il y a juste motif, même en point de droit, s'il est licite encore de mettre quelque prix à pareille vétille, et surtout en point de fait, attendu que le temps manque à l'implanter dans les habitudes.

Qu'on tremble donc, mais non pas comme la feuille, qui d'autant plus vite s'en va joncher le sol, ébranlée par son trémoussement perpétuel.

La peur porte le péril ou garde du péril, suivant qu'elle éclate au dehors, ou qu'elle inspire au dedans.

Le pouvoir n'a pas à se laisser effaroucher, par on ne sait quel instinct qui souffle en secret, comme quoi la légitimité ne lui va, ni à titre d'hérédité, ni à titre d'élection : chose trop palpable.

Tout d'abord, ces paroles devaient le tranquilliser : « Le droit a sa légitimité toute faite ; le fait a sa légitimité à faire : celle-là qui précède l'avènement ; celle-ci qui succède à l'événement. La même fin est imposée : en y manquant l'un se perd ; en s'y conformant, l'autre se fonde. » (*La Loi des circonstances*, 1830.)

Eh ! mais, c'est par la force des choses, si ce n'est par la grace du ciel, qu'il faut au bout de tant d'écarts, de circuits, en revenir à la légitimité sociale ; alors qu'à l'égard de la légitimité royale, née viable s'il en fut jamais et bientôt étouffée par les étreintes de la passion, il n'y a plus à travers les débats de la presse, ni à connaître où réside le titre, ni à concevoir comment se relèverait le droit.

Le pouvoir siége : cela suffit. Qu'il se déclare en son étroite sphère, la justice de Dieu ; et certes, la justice de Dieu ne le reniera pas.

Au sujet de l'Afrique, telle fut la fatalité, que l'entreprise a été dictée aussi par la peur, encore par la peur de l'opposition, dont le ton effrayant allait, disait-on, baisser au bruit des clairons de la guerre, dont le pavillon hautain allait s'abattre, à l'aspect des enseignes de la victoire (1).

---

(1) On trouvera à la suite l'extrait des notes remises au ministres, lors de l'entreprise et lors de la conquête d'Alger.

De bord et d'autre, les motifs allégués par la peur auraient justement à être rétorqués.

On prenait Alger pour conquérir une égide au trône, qui le lendemain a été frappé de la foudre.

On prenait Alger pour se venger d'un coup d'éventail du dey, en réponse à une insulte qui était de sorte à faire jeter le consul par les fenêtres.

On prenait Alger afin de détruire le nid de pirates prétendus, en place duquel s'est ouvert le plus vaste champ de massacres, de ravages.

On prenait Alger afin de briser la chaîne de quelques centaines de chrétiens, en échange de laquelle s'est creusée une vaste fosse, à enfouir des milliers de Français, des milliers d'indigènes.

Et on garde Alger dans la crainte que l'Angleterre ne se vante d'avoir exigé l'abandon, tandis que l'Angleterre étant amie, se rit des folles dépenses, étant ennemie, se rejouirait des pertes sèches.

On garde Alger comme en l'attente qu'à l'instar du paradis terrestre, le sucre et le café, l'indigo et la cochenille, le poivre et le gingembre se hâteront de lâcher leurs fruits dans la main : alors que les colonies, sauf en un pays libre et sur un sol vierge, n'offrent point d'asile à l'émigration et déja coûtent à peu près sans retours quarante millions par an ; alors que la liberté du commerce illimitée en ce cas, prendrait charge d'amener ces divers produits, des lieux où ils poussent naturellement.

On garde Alger dans l'idée de se donner de la gloire, rétroactivement parlant; comme si en arrière des temps, il n'était pas advenu assez et trop de gloire, dont les profits sont mis à néant et les sacrifices pèseront à jamais.

Côte de Barbarie, tour à tour Carthaginois et Númides, Mahométans et Français, se font un honneur, un devoir, d'accomplir les conditions de ton titre unique.

Moloch sourit à ce que tes contrées soient encore fertilisées par le sang, et non en holocaustes mesquins, mais en larges hécatombes : Moloch jouit de ce que, au lieu de tes âpres rivages qui dévoraient les échappés de la tempête, ta terre même jadis fertile, s'entr'ouvre de toute part en volcans qui consument les habitans d'origine.

Certes, cela coûte au tendre cœur du siècle, et que les maîtres du pays, les enfans du sol, soient traités de rebelles par la plume, en rebelles par le sabre, et que les tribus entières aient à payer de leur vie, de leur fortune, quelques actes de vengeance ou seulement de résistance de tel et tel individu ; et, autant qu'il paraît, que la mort n'ait pas à s'arrêter, à se reposer, avant que de son aile de feu l'immense contrée n'achève d'être balayée de toute existence.

Certes, cela coûte à l'esprit juste du siècle, que de cette façon, on vienne sanctifier, canoniser en Afrique les horreurs sans terme commises en Pologne, et délivrer en due forme à l'autocrate surpris, le duplicata du brevet d'exterminer les hommes, de spolier les familles, de renverser les temples ; et lui remettre la conscience en paix, lui rendre au cœur l'innocente joie, même lui souffler la force d'ame, de mener à sa digne fin l'œuvre à peine ébauchée.

Mais des vues transcendantes prédominent.

C'est clair. La France regorgeait de civilisation, au point d'être contrainte à en déverser quelque part le trop plein : et la France se décide à l'exporter au plus loin, en lieu sauvage et isolé, de sorte que la réimportation soit impossible.

C'est clair. La France se sentait tourmentée d'une exubérance de loyauté, de moralité, à ne savoir plus quel emploi en faire dans les contrats, dans les rapports : et la France, avec l'espoir d'en opérer peu à peu la cure, prend le parti d'exposer une part de ses enfans au contact des tentations cupides.

C'est clair. La France voguait tous les ris dehors, dans les eaux de l'humanité, non sans crainte de manquer la passe du port de repos : et la France, afin d'échapper au péril imminent, se résigne à louvoyer sous petite voile, dirigeant le cap vers les côtes (si bien nommées) de Barbarie.

On s'en aperçoit trop. A ce sujet, la plume brûle, l'encre bout : tant est vive l'affection, que le sentiment n'a pas à se traduire en pensée, ni la pensée à se revêtir de paroles.

A voir là, cette Pologne excitée, puis délaissée, ici, cette Afrique livrée, puis saccagée, l'ame impatiente de colère, de vengeance, presse l'arrêt de l'histoire, qui vienne marquer la France du 19ᵉ siècle, de ces deux stigmates indélébiles, POLOGNE, AFRIQUE : l'une vouée aux tortures, et l'autre aux ravages.

Qu'on ne s'y trompe pas.

En la pleine moisson d'horreurs dont il y a à se repaître, sans doute le pouvoir apporte son lâche tribut : alors que la peur de je ne sais quoi, de je ne sais qui, l'entraîne, sans parler de la subversion d'une terre étrangère, de la destruction d'un peuple indigène, d'abord à faire périr sur le sol empesté, des milliers de Français par an, de Français conscrits par une loi partiale et conscrits seulement pour la défense du pays ; ensuite à laisser se perdre dans le gouffre insatiable, des trentaines de millions formés de petite monnaie extraite des sueurs ainsi infécondes, soustraite à la subsistance déja insuffisante : délits, forfaits, qui sont d'un ordre si haut, qu'à peine la conscience est de force a s'en créer une juste idée, et que le blâme inepte aussi omet d'atteindre au point requis.

Pourtant ce qui étonne le plus, oppresse le plus, c'est le langage des journaux de l'opposition, qui faisant abstraction du sang répandu, de l'or arraché, et tenant hors de ligne, hors de vue, tant d'existences qui avaient encore, qui n'ont plus à respirer l'air de vie, à jouir du charme de vie, et tant d'autres existences qui étaient à l'aise et en joie, qui n'y sont plus, au sein de la famille élevée avec tant de peine ; ne conçoivent, ne saisissent en Alger, qu'un outil à attaquer, qu'un lévier à ébranler les sièges du pouvoir, et sans réserve, sans scrupule complotent la perte du cabinet, sur les ruines de l'Afrique.

C'est surtout, quant à la part qu'elles y pren-

nent, le langage des feuilles dites royalistes, qui
naguère ne se faisaient faute de gloire à l'usage du
trône, au prix du sang prêt à rejaillir sur lui, qui
maintenant, après sa chute amenée par elles, de-
vraient enfin sentir que si le trône n'avait pour se
consolider qu'à rechercher l'appui des sentimens, à
plus forte raison, il n'aurait pour se rétablir, qu'à
espérer dans le retour des sentimens ; et qui, en
dépit de toute humanité, de toute loyauté, s'obsti-
nent, s'acharnent, par l'emploi des moyens de
honte, à forcer le pouvoir d'entretenir à jamais
cette plaie dévorante en existences, en fortunes,
en mœurs, cet ulcère d'Alger.

Extraits de lettres aux ministres : 1830.

« Et on prétendrait nous marchander les lauriers
« de la monarchie ! Le drapeau tricolore avait-il
« seul le droit de prodiguer l'or et le sang de la
« France? » (*Quotidienne*, 12 février 1830.)

Qui donc pense à pousser la légitimité sur les
voies de l'usurpation? Celle-ci, contrainte à se jeter à travers tous les hasards, privée qu'elle était d'un
point d'appui dans le temps et sur le sol; celle-là,
réduite à mendier les faveurs douteuses de la victoire comme par procuration, et vouée à pleurer
sur ses triomphes, à succomber sous ses revers.

Eh ! le drapeau blanc n'a pas le droit de prodiguer l'or et le sang de la France, pas plus que ne
l'avait le drapeau tricolore : encore c'était pour l'un,
un besoin de les verser à flots redoublés, comme
c'est pour l'autre, un devoir de les ménager avec le
plus grand scrupule.

Dans cette guerre déclarée sans aucun motif plau-
sible, l'opinion ne verra qu'une tentative pour
éblouir le parti ennemi, pour s'étourdir sur de noirs
pressentimens, pour obtenir la sauve-garde de quelque délai.

Telle est la vérité, si rude, si dure, qu'il n'est
peut-être qu'un homme disposé à la dire, et qu'ainsi
il est un homme obligé à la dire.

L'affaire d'Alger est ressuscitée de la nuit de l'ou-
bli, est remise en lumière.

Triste affaire, où la plus grossière insulte n'a été payée que d'un coup d'éventail, au lieu qu'elle était de nature à faire jeter l'insolent par les fenêtres, où cette influence calamiteuse des journaux, qui, dans tous les sens, tend à perdre la France, a seule empêché le ministère d'alors de contraindre le coupable à faire des excuses.

Triste affaire, où le dey se tient pour attaqué en son honneur, soit par l'affront que lui fit le consul, soit par les vengeances que la France exerce contre lui ; et, suivant la loi, la coutume musulmane, verra périr d'un œil sec, et sa ville, et son trône, et sa personne même, plutôt que de fléchir.

Triste affaire, où, bien qu'on n'y songe pas, les destinées du cabinet, et de la monarchie, et de la société chrétienne, vont être remises à la discrétion du sort, trop souvent malencontreux, sur ces mêmes plages de Barbarie, où périt le saint roi.

Non, sauf que la dignité de la couronne, sauf que la sécurité du pays ne commandent, vous n'avez pas le droit d'envoyer à la mort, un nombre plus grand qu'on ne pense, de ces malheureux enlevés à leurs familles, enchaînés dans les rangs.

Non : et l'humanité, la religion vous crient que ces vies si précieuses aux fins de l'Éternel qui les créa, n'ont point été mises à la disposition d'un caprice.

Non : et vous ne le voulez pas vous-mêmes, c'est-à-dire vous ne le voudriez pas, d'une pensée qui, pour fournir de justes notions à la volonté, se serait transportée sur les champs de bataille, parmi les travaux du siége, se serait élancée à travers l'avenir, jusqu'au jour de la rentrée des troupes.

Qu'on règle le bilan de l'expédition de Morée : tant de morts, tant de blessés, tant de perclus ! et qu'on demande aux ordonnateurs : Aviez-vous dressé le compte d'avance ? auriez-vous opéré à un tel prix ?

Je vous félicite au sujet des nouvelles d'Alger : non pas que je me reconnaisse en tort, pour avoir blâmé cette entreprise ; le sort qui a bien servi, pouvait servir mal : je n'estime pas que la monarchie soit tellement compromise qu'il ne reste qu'à la jouer sur une carte.

Alger vous enchaîne au timon des affaires. Le vent donne en poupe ; l'équipage sera tenté de forcer de voiles, ne se doutant pas des bas fonds hérissés d'écueils.

Je craignais l'infortune : elle abat les faibles cœurs et trouble les esprits légers.

Je crains plus la fortune. La tête française est aussitôt saisie d'enivrement ; le présent qui sourit voile l'avenir qui gronde. L'ennui prend à ne faire qu'user ; la vanité entraîne à abuser.

Restez donc en place, vous qui seul fûtes doué de ce grand sens, ou s'il vous plaît mieux, de ce sens droit ; auquel il est réservé de réprimer l'impatience de l'ame, qui trop souvent compromet ses fins en s'efforçant de les atteindre avant le temps. (*Lettre à M. de Montbel.*)

La conquête d'Alger a changé la face des choses.

Déja l'inquiétude s'est changée en un excès de confiance ; les mesures jusque là timides, menacent de faire place à des actes inconsidérés.

Je n'ai plus qu'à prêcher la sagesse et la prudence, la circonspection au dernier point.

C'est de même à vous que s'adressent mes conseils, mes suppliques.

L'homme fort reste toujours le même, indomptable sous le coup des revers, impassible à l'ivresse du succès ; et ne pliant point devant les exigences périlleuses, ne se prêtant point aux vaniteuses espérances.

L'homme fort n'est ni ébloui, ni atterré par l'influence du moment présent, sachant trop bien que l'avenir a l'habitude d'apparaître en sens opposé.

Vous trouverez ci-joint mon opinion sur le parti à tirer de la conquête d'Alger, de cette faveur du ciel, la dernière peut-être. (*Lettre à M. de Peyronnet.*)

—*—

DEUX LETTRES A L'AUTEUR DES PAROLES D'UN CROYANT, avec le *Fac Simile* d'une Lettre de M. DE LA MENNAIS. In-18.

RÉSUMÉ DES VUES ÉCONOMIQUES de M. DE LA GERVAISAIS. In-8°.

EXPOSÉ DE LA LIGNE POLITIQUE de M. DE LA GERVAISAIS. In-8o.

LA CATASTROPHE. In-8o.

LA LIGUE DE SALUT. In-8.

A. PIHAN DE LA FOREST, IMPRIMEUR
Rue des Noyers, n° 37.